„Eine aufrechterhaltene Annahme
wird sich als Tatsache herauskristallisieren,
selbst dann,
wenn sie anfänglich falsch war.“

Neville Lancelot Goddard

„Es ist bereits so.
Allem Anschein zum Trotz"

Zusammenfassung

des Buches von Neville Goddard
„Es ist bereits so! Allem Anschein zum Trotz",
https://amzn.to/4cLcvIu

Original-Autor:
Neville Goddard

Originaltitel:
"The Law and the Promise"

Resümee-Autor
Benno Schmid-Wilhelm

Herausgeber:
https://www.i-bux.com
service@i-bux.com

Verlag und Druck:
tredition GmbH
Halenreie 40-44
D-22359 Hamburg
support@tredition.com

© 2024 - 2. Auflage

ISBN:
Softcover: 978-3-384-28169-2
https://amzn.to/3Y7ZPHI

Bonus:
Neville für die Westentasche

4 von 10 Vorträgen von Neville Goddard, gekürzt und
umgeschrieben für Kinder und Erwachsene

Inhaltsübersicht

„Es ist bereits so!
Allem Anschein zum Trotz"

Kapitelweise Buchzusammenfassung

Bonus:

Vier von zehn Vortrags-Kurzfassungen aus dem Taschenbuch

„Neville für die Westentasche"

:
https://amzn.to/3RXlEWi

In diesen zehn Vorträgen werden einige wesentliche Prinzipien in einfacher Sprache auf den Punkt gebracht.

Hörbücher

Vom Erfühlten zum Erfühlten
https://amzn.to/45beq6x

Auf Dein Geheiß
https://amzn.to/4cbJJAJ

Wie Sie Ihre Vorstellungskraft nutzen
https://lmy.de/Gzbyv

Die Macht unserer inneren Selbstgespräche
https://amzn.to/4aUly8C

Das Gebet, die Kunst des Glaubens
https://amzn.to/3Re3kYO

Nicht von dieser Welt
https://lmy.de/QhTCy

Das erste Prinzip
https://amzn.to/3yQojL1

Weitere deutschsprachige Werke und Artikel von oder über Neville Goddard auf I-Bux.Com

Siehe z.B.:

https://www.i-bux.com/Neville-Goddards-radikale-Metaphysik.html

„Kann ich es glauben,
auch wenn
die Vernunft dagegen spricht
und meine Sinne es leugnen?"

Nevilles Lebensstationen

Geboren 1905 in St. Michael, Barbados

Kam 1922, als Siebzehnjähriger, in die Vereinigten Staaten. Verdingte sich zunächst in New York bei Gelegenheitsarbeiten und studierte dann Tanz und Schauspielerei.

War mit seiner Tanztruppe auf einer Englandtournee, wo er erstmals mit geisteswissenschaftlichen Themen in Berührung kam.

Heiratete als Neunzehnjähriger und hatte einen Sohn, Joseph Neville. Diese Ehe hielt nur etwa ein Jahr.

Lernte einen Rabbiner aus Äthiopien, **Abdullah**, kennen, bei dem er fünf Jahre lang Hebräisch, die Kabbala und esoterisches Christentum studierte.

Lies sich Anfang der Fünfzigerjahre in **Los Angeles** nieder, wo er auch im Fernsehen und Rundfunk auftrat und bis in die Siebzigerjahre hinein Vorträge hielt.

Lehrte jahrelang Techniken, wie der Mensch durch Einsatz seiner Vorstellungskraft seine Wirklichkeit erschaffen kann. Dafür verwendete er die Bezeichnung „The Law" (**das Gesetz der Annahme**).

Ab 1959 veränderten sich seine Vortragsinhalte, und es ging ihm mehr um „The Promise" (**die Verheißung**).

Heiratete nach langer Trennungszeit erneut, und hatte mit seiner zweiten Frau eine Tochter, Victoria.

Verstarb im Jahre 1972.

Überblick

The Law and the Promise (deutscher Titel „Es ist bereits so. Allem Anschein zum Trotz") war Nevilles zehntes und letztes Buch.

Neville behauptet, dass die menschliche Vorstellungskraft die Ursache für die Gestaltung der Realität sei. Diese Behauptung wird nicht dadurch bewiesen, dass man etwas darüber liest oder davon gehört hat, sondern indem man diese Erkenntnis umsetzt und im eigenen Leben Ergebnisse sieht.

"Seid Täter des Wortes, nicht nur Hörer!"

Jakobus 1,22

Das Original ist in zwei Teile unterteilt:

- **The Law (of Assumption).**
  Damit meinte er das Gesetz der Annahme.

  Neville – wie er allgemein genannt wurde – hatte die Teilnehmer seiner Vorträge gebeten, ihm Erfahrungsberichte über die praktische Anwendung des Gesetzes der Annahme zukommen zu lassen. Diese Zuschriften wurden in das Buch aufgenommen und anschließend von Neville kommentiert.

- **The Promise.**
  Dieses Kapitel behandelt die mystischen Erfahrungen Nevilles. In der Fassung von I-Bux.Com wurde dieser Teil weggelassen, es gibt jedoch von anderen Verlagen Übersetzungen, in denen auch dieses kurze Kapitel enthalten ist.

Die im Buch enthaltenen Geschichten beweisen, dass eine zielgerichtete Vorstellungskraft dementsprechende Ergebnisse nach sich ziehen wird.

Neville empfahl, innere Bewusstseinszustände auszugestalten, statt auf äußere Umstände zu reagieren.

Indem wir dem Unterbewusstsein in einem entspannten Dämmerzustand innere Miniszenen von dem *nach* der Wunscherfüllung angestrebten Endzustand einprägen, werde es veranlasst, diese Wunschbilder zeitverzögert in der Außenwelt umzusetzen. Wir können negative Muster revidieren und von Idealsituationen ausgehen, wodurch wir unsere Lebensumstände verbessern.

Neville plädierte für eine bewusste Steuerung der Vorstellungskraft, um Ziele zu verwirklichen, anstatt sie sich selbst zu überlassen.

Das Festhalten an den imaginierten Zielen führe zu ihrer Verwirklichung in der dreidimensionalen Welt. Die Welt forme sich endlos um den geistig ausgemalten Inhalt herum neu. Neville enthüllte die Vorstellungskraft als göttliche Kraft, die das Versprechen Gottes trage, den Menschen zu erwecken.

Kapitel 1:
Die Vorstellungskraft führt zur Realität

Das erste Kapitel ist eine Einführung. Neville beginnt mit der Feststellung, dass die Vorstellungskraft die Wirklichkeit erschaffe und dass der Mensch reine Vorstellungskraft sei.

Er behauptet, dass das Leben eine Auswirkung der Vorstellungskraft sei und dass die Welt ihren Ursprung in der göttlichen Vorstellung habe. Neville argumentiert, dass nichts unabhängig von der Vorstellungskraft existiere und dass die Vorstellungskraft die gegenständliche Realität hervorbringe.

Das Buch zeigt anhand von Beispielen aus dem wirklichen Leben auf, wie die geistige Vorstellung etwas herbeiführt. Neville ermutigt die Leserinnen und Leser, ihre gottgegebene Gabe der Vorstellungskraft bewusst und konstruktiv einzusetzen, um das eigene Leben und das Leben anderer zu verbessern. Er erklärt, dass die Zukunft durch die imaginären Aktivitäten der Menschen gestaltet werde, weshalb der Mensch lernen müsse, seine Vorstellungskraft zu kontrollieren und sich nur positive Ergebnisse vorzustellen, um eine bessere Zukunft zu gestalten.

Die von Neville gelehrte Technik nennt sich „das Gesetz der Annahme": die Annahme/Vorwegnahme, dass ein Wunsch in der eigenen Vorstellung bereits erfüllt sei. Indem man diesen vorgestellten Zustand geistig vorwegnehme und ihn aufrechterhalte, passe sich die äußere Welt an.

Das Geheimnis bestünde darin, sich dem vorgestellten Zustand geistig hinzugeben, indem man unerschütterlich daran glaube, dass er bereits real sei. Man müsse an den angestrebten Zustand glauben und ihn lieben.

Neville betont, dass man sich beharrlich in den imaginären Akt hineinfühlen müsse, um ihn dem nicht wertendem Unterbewusstsein einzuprägen. Andernfalls könnten die imaginären Veränderungen zu keinen konkreten Veränderungen führen.

Er weist auch auf die Wichtigkeit hin, in der Vergangenheit gemachte negative Erfahrungen durch Imagination zu revidieren, da sie weiterhin in die Gegenwart hereinwirken würden. Indem man sich Szenen anders vorstelle als sie sich zugetragen haben, bewirke man Veränderungen im Jetzt.

Zusammenfassend erklärte Neville seine Überzeugung, dass die Vorstellungskraft die Realität gestalte. Er nennt Beispiele dafür, wie imaginäre Überzeugungen und Szenen zu realen Umständen und Ereignissen werden.

Neville möchte den Lesern zeigen, wie sie die Kraft der Vorstellungskraft nutzen können, um ihr Leben zu verbessern, indem sie die Erfüllung ihrer inneren Wünsche vorwegnehmen.

Die Voraussetzungen sind:

- Beharrlichkeit,
- der Glaube an die unsichtbare Realität
- und die innere Gewissheit,
  dass der Wunsch in Erfüllung gehen wird.

Kapitel 2:
Darin verweilen!

In diesem Kapitel betont Neville die Wichtigkeit, sich die gewünschten Ergebnisse bildhaft vorzustellen und bewusst und fantasievoll so zu leben, als ob die Resultate bereits eingetroffen seien.

Ein weit verbreiteter Fehler sei es nach Nevilles Auffassung, Wünsche zu hegen, sich aber nicht in sie hineinzuleben. Man müsse die imaginären Szenen verinnerlichen, um sie dem Unterbewusstsein einzuprägen und sie zur physischen Verwirklichung zu bringen.

Neville argumentiert, dass der Mensch seine Zukunft durch kontrollierte Wachträume, in denen er aus dem Endergebnis heraus lebt und das Gewünschte bereits hat bzw. ist, vorbestimmen könne.

Da die Vorstellungskraft die Realität erschaffe, würden imaginäre Zustände durch die ständige Beschäftigung mit ihnen im Außen verwirklicht.

Neville behauptet, dass sich der Mensch nicht nur physisch bewege, sondern dass er sich auch entscheiden könne, sich in seiner Vorstellung zu bewegen und imaginativ in unbegrenzte mentale Szenen hineinzuleben, um in der Folge seine äußere Welt zu verändern.

Das Kapitel enthält zwei Beispiele von Menschen, die so lange in ihren imaginären Szenen lebten, bis sie Wirklichkeit wurden:

- Ein Arztehepaar wollte schon lange ein Mehrfamilienhaus bauen, es fehlte den Eheleuten jedoch an Geld. Sie stellten sich vor, dass das Haus bereits fertig sei, von Mietern bewohnt würde und ein Bauunternehmer die Finanzierung angeboten habe.

- Eine Frau stellte sich vor, einige Nächte lang in ihrem perfekten neuen Haus zu schlafen. Kurz darauf kam die Immobilie plötzlich auf den Markt und entsprach hinsichtlich Vertäfelung und Abgeschiedenheit genau den von ihr visualisierten Details.

Neville betont, dass der imaginative Akt **von der verwirklichten Endszene aus** gesehen und betreten werden müsse. Nur daran zu denken, reiche nicht aus, um das Unterbewusstsein zu beeindrucken.

Man müsse möglichst viele Sinne in die imaginäre Szene einbringen und sich so verhalten und sprechen, als wäre sie jetzt bereits real. Durch die ständige Beschäftigung mit dem erfüllten Wunsch auf diese Weise, mit Glaube und Liebe für den imaginären Zustand, würde er herauskristallisiert.

Die Welt sei geistige Vorstellung, und die Vorstellungsbilder der Menschen, nicht Schicksalsgläubigkeit, würden die Realität gestalten.

Neville fordert die Leser auf, wachsam auf ihre imaginären Zustände zu achten, negative Muster, welche die Aufrechterhaltung von Problemen begünstigen, umzuwandeln und sich kühn in imaginäre Szenen mit idealen Bedingungen hineinzufühlen, um sie im Außen zu manifestieren.

Die bewusste Kontrolle der Vorstellungskraft lenke das eigene Leben und bestimme den Verlauf der äußeren Ereignisse.

Zusammenfassend werden in Kapitel 2 Nevilles Techniken beschrieben, um dem Unterbewusstsein Wünsche einzuprägen und sie zu verwirklichen. Anhand von Erfahrungsberichten veranschaulicht er, wie man imaginäre Zustände beharrlich so lange einnimmt, bis sie mit den Umständen übereinstimmen. Das imaginative Leben aus dem erfüllten Wunsch heraus bewirke die Veränderung.

Kapitel 3:
Das Rad zurückdrehen!

In diesem Kapitel betont Neville die Macht zielgerichteter Vorstellungsbilder, die Vergangenheit rückgängig zu machen und neu zu gestalten. Er weist darauf hin, dass ein vollkommen stabiler Dauerzustand unerreichbar sei, da die heutigen Ereignisse die bisherige Ordnung wieder durcheinanderbrächten. Die aktive Vorstellungskraft bringe den Status quo des Geistes immer wieder ins Wanken.

Neville argumentiert, dass man Szenen aus der Vergangenheit geistig umschreiben und ihre Bedeutung durch kontrollierte Vorstellungsbilder verändern könne. Indem man die Szenen in der Vorstellung so umbaue, dass sie mit den gewünschten Ergebnissen übereinstimmen, könne man die Ursachen gegenwärtiger Probleme verändern.

Er holt sich wieder Schützenhilfe aus der Bibel, indem er auf das Gleichnis vom untreuen Haushalter verweist, der Bücher fälschte, um in den Genuss von Vorteilen zu kommen. Neville fordert die Leser auf, es den untreuen Haushaltern gleichzutun und Fakten mental zu verfälschen, um die Vergangenheit umzugestalten und eine bessere Zukunft zu schaffen.

Er erklärt, dass die Vorstellungskraft die Wirklichkeit erschaffe, sodass wir unverzeihliche Situationen mit unserer Vorstellungskraft umschreiben und ihre Bedeutung verändern können.

Wir sollten zwischen dem ewigen Wesen des Menschen als Imagination und den von ihm eingenommenen vergänglichen Zuständen unterscheiden.

Von der Ebene der Imagination aus könne man sich in jede imaginäre Szene hineinfühlen und sie umgestalten. Wenn man in der revidierten Version verharre, verändere sich der tatsächliche Ablauf der Ereignisse.

- Neville erzählt die Geschichte eines Mannes, der die Absage eines Immobilienmaklers in seiner Vorstellung umschrieb. Kurz darauf teilte ihm der Makler telefonisch mit, dass er einen Kaufinteressenten für seine Immobilie gefunden habe.

- Eine andere Geschichte handelt von einer Frau, die ihre Erinnerung an eine Verletzung in der Kindheit geistig so lange revidierte, bis ihre jahrelangen Rückenschmerzen verschwanden.

Zusammenfassend lässt sich sagen, dass Neville dafür plädiert, die Vergangenheit durch lebhafte Vorstellungsbilder als einen ersten Akt der Umgestaltung zu revidieren. Da die Vergangenheit die Gegenwart hervorbringe, verwandle die geistige Revision von Situationen ihre Bedeutung und ihre Früchte.

Indem man gedanklich zurückkreise und die vergangenen Vorkommnisse wunschgemäß neu durchspiele und dann aus dieser imaginären Realität heraus lebe, bewirke man Veränderungen in der Gegenwart. Der Mensch und seine Vergangenheit durchdringen sich gegenseitig, sodass eine mentale Umgestaltung der Vergangenheit auch die Gegenwart verändere.

Neville empfiehlt eine disziplinierte, allabendliche Überprüfung und Revision des vorangegangenen Tages in der Vorstellung.

Kapitel 4
Erdichtung gibt es nicht

In diesem Kapitel behauptet Neville, dass es keine Fiktion gäbe - imaginäre Aktivitäten würden entsprechende physische Effekte herbeiführen, was er als Beweis dafür anführt, dass die Welt im Wesentlichen imaginär und nicht materiell sei.

Anhand einiger Beispiele zeigt er auf, dass Fiktion zur Tatsache wird, wie z. B. ein Roman, in dem ein fiktiver Ozeandampfer sinkt, der Jahre später die Katastrophe der Titanic widerspiegelt.

Neville argumentiert, dass die Verursachung mentaler und nicht physischer Art sei. Die inneren Zustände der Vorstellungskraft würden die äußeren Ereignisse gestalten.

Der Mensch sähe die Realität bei feststofflichen Objekten, das Bühnenstück des Lebens habe seinen Ursprung jedoch in der menschlichen Vorstellungskraft. Äußere Ereignisse seien auf imaginäre Akte, nicht auf physische Fakten, zurückzuführen.

- Er bietet einige weitere Erklärungen dafür, dass sich geistige Vorstellungsbilder materialisieren würden, zum Beispiel eine imaginäre Szene, die einen Hauskäufer herbeibrachte oder die Heilung jahrelanger Rückenschmerzen durch die allabendliche geistige Revision einer Verletzung aus der Kindheit.

Neville erklärt, dass das Leben eine Inszenierung von Wachträumen sei. Innere Konflikte würden als äußere Konflikte in der Gesellschaft ausgedrückt.

Der Mensch könne seine Zukunft vorherbestimmen, indem er sich imaginativ so lange in wunscherfüllende Miniszenen hineinlebe, bis diese Wunschbilder vom Unterbewusstsein akzeptiert und verwirklicht worden seien.

Neville spricht sich für eine bewusste und zielgerichtete Steuerung innerer Vorstellungsbilder aus, anstatt sie auf negative Weise aus Erinnerungsbildern heraus entstehen zu lassen. Man solle sich für eine radikale Nutzung seiner Vorstellungskraft entscheiden, indem man imaginäre Wunschszenarien aufbaue, anstatt die bildhaften Eindrücke der Sinnesorgane zu wiederholen. Dadurch würde das Ideal verwirklicht und die Mangelsituation abgestellt.

- Als Beispiel führt Neville die Geschichte eines Tänzers an, der sich immer wieder vorstellte, ein Franchise-Tanzstudio zu besitzen, bis ihm eines Tages berufliche Partnerschaften angeboten wurden, was die Wunscherfüllung durch real empfundene Vorstellungsbilder illustriere.

- Eine andere Geschichte handelt von einem Autor, der einen Roman über eine erfundene Reise seiner Hauptfigur verkauft habe, bei der die Protagonistin ein Muster durchbricht. Monate später habe die Dame eine ähnliche Reise unternommen, ein Muster durchbrochen und einen Heiratsantrag erhalten, der ihrer Fiktion entsprach.

Zusammenfassend lässt sich sagen, dass Neville das unendliche Potenzial der Vorstellungskraft aufzeigt, die Realität zu gestalten, wenn sie mit Glauben gepaart und beharrlich eingesetzt wird.

Er räumt mit dem Mythos der Fiktion auf und erbringt den Nachweis, dass zielgerichtete Vorstellungsbilder entsprechende physische Formen hervorbringen. Die Ereignisse hätten nur durch aufrechterhaltene Vorstellungsbilder Bestand.

Neville fordert die Leser auf, sehr genau auf ihre imaginären Aktivitäten zu achten. Dadurch würde man bewusst erschaffen, anstatt zuzulassen, dass negative Muster die Zukunft dominieren und diktieren.

Kapitel 5:
Raffinierte Einfädelung

In diesem Kapitel hebt Neville die Vorstellungskraft als die Kraft hervor, die alle äußeren Ereignisse aufrechterhalte. Dinge und Ereignisse würden nur aufgrund stabiler imaginärer Aktivitäten weiterbestehen.

Er belegte dies anhand mehrerer Praxisbeispiele:

- Ein Mann nutzte die geistige Revision - die tägliche Praxis, sich Szenen mit einem wunschgemäßen Ausgang vorzustellen - um sein Einkommen innerhalb von zwei Jahren von 25 Dollar auf das des US-Präsidenten zu steigern.

- Als ein mittelloser Vortragsbesucher dies hörte, stellte er sich vor, er würde bei einem Pferdewettrennen gewinnen. Nachdem er die Szene mit dem erfüllten Wunsch jede Nacht nachgespielt hatte, gewann er 84.000 Dollar.

- Ein anderer Mann spielte sein imaginäres Rennbahndrama nach und gewann 16.000 Dollar.

- Der zweite Gewinner wollte noch mehr Beweise haben und stellte sich ein größeres Bankguthaben und ein Pferderennsystem vor, das ihm 11.533 Dollar einbrachte, wobei er mit einem Einsatz von nur 200 Dollar begann.

Nachdem er sich täglich vorgestellt hatte, das Geld und die Kontoauszüge zu besitzen, gewann er auf der Rennbahn 36.788 Dollar, was seinen mental vorgestellten Summen entsprach. Details wie das versehentliche Duplizieren eines Gewinnscheins spiegelten sein inneres Bild wider.

Wenngleich es der Mensch mit einer materiellen Welt zu tun habe, lebe er doch in der geistigen Vorstellung.

Sobald man entdeckt habe, dass imaginäre Zustände das Leben prägen, verliere die äußere Welt ihren Status als alleinige Realität.

Neville bezeichnet den „Zufall" als das ungezügelte Weiterrauschen des imaginativen Stroms. Man müsse sich seine imaginären Ziele bewusst machen und sicherstellen, dass es sich um lohnenswerte Ziele handle.

Man habe sich so lange mit wunscherfüllten Szenen zu beschäftigen, bis das innere imaginäre Schauspiel durch Sachverhalte in der dreidimensionalen Welt bewiesen werde.

Schicksalsentscheidend sei die plastische Ausgestaltung und unerschütterliche Aufrechterhaltung des Vorstellungsbildes - allen Widrigkeiten zum Trotz.

Da das Leben aus imaginären Aktivitäten entstehe, verwandle die Steuerung und Neuausrichtung dieser Aktivitäten die Außenwelt des Menschen.

Der Mensch werde den äußeren, veränderbaren Traum so lange verwirklichen, bis er erwache und die Realität durch den bewussten Einsatz seiner Vorstellungskraft erschaffe, statt sie unbewusst sich selbst zu überlassen.

Indem man sich eine **nach** der Wunscherfüllung wahrscheinlich eintretende Szene lebhaft und unter Einbringung möglichst vieler Sinne vorstelle und sich so in sie hineinfühle, als wäre es bereits so, präge man den subjektiven Zustand dem Unterbewusstsein ein, welches ihn dann vergegenständlichen würde.

Zusammenfassend zeigt Neville die immense Gestaltungsmacht der absichtsvollen Steuerung der Vorstellungsbilder auf.

Äußere Resultate seien die Folgen innerer Ursachen.

Da das Leben aus imaginären Aktivitäten entsteht, verwandle die Kontrolle und zielgerichtete Neuausrichtung dieser Aktivitäten die äußere Welt des Menschen.

Der Mensch werde den äußeren, veränderlichen Traum so lange verwirklichen, bis er erwacht und die Realität durch den bewussten Einsatz der Vorstellungskraft erschafft, anstatt sie auf unbewusstem Autopiloten zu lassen.

Kapitel 6:
Visionäre Launen

In Kapitel 6 betont Neville nochmals, dass unsere Vorstellungsbilder die wahren Realitäten seien; die physischen Formen seien nur ein Schatten dieser inneren Bilder.

Er belegt dies anhand von Geschichten von Menschen, die ihren imaginären Visionen und Szenen so lange treu geblieben waren, bis sie durch die äußeren Fakten bestätigt wurden.

- Ein Mann war auf der Suche nach einigen seltenen Opernaufnahmen, die seit Monaten vergriffen waren. Indem er sich immer wieder vorstellte, vom Verkäufer zu hören, dass er sie auf Lager habe, erhielt er die ausverkauften Platten. Obwohl sich die Szene dann in der Praxis doch etwas anders abspielte, wurde ihre Tragweite erkannt.

- Eine Frau, die ihr Haus verkaufen wollte, um ein neues zu kaufen, wurde durch einen verbindlichen Vertrag an diesem Schritt gehindert. Vor Gericht gegen Anwälte und Zeugen stellte sie sich nur vor, vom Vorsitzenden der Jury das gewünschte Urteil „nicht schuldig" zu hören. Nach stundenlanger Beratung kamen die tatsächlichen Geschworenen zurück und sprachen die Worte, die die Dame in ihrer Vorstellung gehört hatte.

Neville fordert dazu auf, imaginäre Abläufe zu verwirklichen und sich nicht von „Fakten" abbringen zu lassen. Infolge der Veränderung des inneren Bildes würde sich das äußere anpassen.

- Einer anderen Frau waren die Möbel gestohlen worden, aber die polizeiliche Suche war erfolglos verlaufen. Ihre Vorstellung, wieder in ihrer möblierten Wohnung zu sein, führte dazu, dass die Gegenstände und die Diebin, das Hausmädchen, aufgefunden wurden.

- Indem die bestohlene Dame in imaginären Wunscher-füllungsszenen einschlief, prägt sie diese Szenen ihrem Unterbewusstsein ein, was die Verwirklichung nach sich zog.

Zusammenfassend deckt Neville die Vorstellungskraft als die eigentliche Realität hinter den Spiegeln der Materie auf.

Durch Disziplin und beharrliches Hineinfühlen in imaginäre Zustände forme man die äußere Welt so um, dass sie diese widerspiegle. Die Dinge würden nur durch anhaltende Imagination bestehen bleiben.

Bereits William Blake (1757 – 1827) sagte: *„Ewiges Bild und Individualität stirbt nie"* - die innere Kraft forme den flüchtigen äußeren Schatten.

Kapitel 7:
Gemütsverfassung

In diesem Kapitel verweist Neville auf die **Gemütsverfassung als Ursache** und nicht nur als Wirkung. Die innere Vorstellungsaktivität forme die äußeren Umstände, anstatt sie einfach nur zu reflektieren. Stimmungen seien für jede Schöpfung wesentlich. Emotionen beleben Ideen, um entsprechende physische Wirkungen zu erzeugen.

- Neville erzählt die Geschichte einer erwerbslosen Frau, die sich in die wunscherfüllte Stimmung *„Jetzt passiert mir etwas Wunderbares!"* hineinfühlte.

  Sie verharrte nächtelang in diesem Zustand, bis ihr ein wohlgesinnter Freund aus heiterem Himmel einen Scheck über 2.500 Dollar von einem alten Bekannten überreichte. Daraufhin erhielt sie bis zu ihrem Lebensende monatlich Schecks in beachtlicher Höhe.

Er erklärt, dass wir uns so verhalten müssen, als ob wir das **Ziel bereits erreicht** hätten.

- Eine andere Frau spürte die finanzielle Notlage ihrer Tochter, und sie stellten sich vor, wie sie mit Geld überschwemmt würde.

  Kurz darauf gab die Mutter der Frau ihrer Enkelin und ihrer Tochter - also der Frau, welche die Visualiserung angeregt hatte, plötzlich Schecks in Höhe von insgesamt 4500 Dollar.

Neville fordert dazu auf, die Macht der Vorstellungskraft zu erkennen, indem man wunscherfüllte Stimmungen aufrechterhält.

- Eine andere Mutter kaufte ihrem Sohn spielerisch seine Warzen ab. Indem sie sich in den Zustand versetzte, die Warzen zu besitzen, verschwanden diese innerhalb eines Monats bei ihrem Sohn.

Zusammenfassend zeigt Neville die schöpferische Macht von Gemütsverfassungen und Stimmungen auf.

Der Mensch müsse die gewünschten Gefühlszustände bewusst herbeiführen und sich in sie hineinfühlen, anstatt passiv abzuwarten, dass sie sich von selbst einstellen würden.

Sich in eine Stimmung hineinzuversetzen, ziehe entsprechende Ereignisse nach sich. Anhaltende Stimmungen würden sich zu Tatsachen verfestigen. Die Welt konfiguriere sich endlos um die inneren Annahmen des Vorstellenden herum neu.

Das natürliche Hineinfühlen in ein Vorstellungsbild präge es dem Unterbewusstsein nachhaltig ein, welches den erfüllten Zustand dann nach außen trage.

Kapitel 8:
Durch die Glasscheibe spähen

In diesem Kapitel erörtert Neville, wie man die Vorstellungskraft nutzen kann, um von der physischen Sinneswahrnehmung zum konzeptuellen Bewusstsein überzugehen und geistig in wunscherfüllte Szenen einzutauchen.

- Er erzählt die Geschichte einer bettlägerigen Frau, die sich in ihrer Vorstellung frei und aktiv am Strand sah. Nachdem sie in diese imaginäre Szene eingetaucht war, wurde ihr Körper augenblicklich von seinem lähmenden Zustand geheilt.

Neville erklärt, dass das Normalbewusstsein den Menschen zwar im Bereich der Sinneswahrnehmungen halte, der Mensch sich aber den Sollzustand ausmalen könne.

Indem man sich eine **im Anschluss** an die Wunscherfüllung wahrscheinlich eintretende Szene lebhaft und unter Einbringung möglichst vieler Sinne vorstelle und sich so in sie hineinfühle, als wäre es bereits so, präge man den subjektiven Zustand dem Unterbewusstsein ein, welches ihn dann vergegenständlichen würde.

- In einer anderen Geschichte stellte sich eine Frau vor, im Krankenhauszimmer bei ihrem Bruder zu sein und seine geheilte Hand zu halten. Bald darauf erholte er sich rasch, ohne dass er operiert werden musste, was ihrem Vorstellungsbild entsprach.

- Neville berichtet auch von der verblüffenden Geschichte einer Frau, die sich vorstellte, bei ihrer woanders wohnenden Tochter zu sein. Die verblüffte Tochter schrieb bald darauf und bestätigte, dass sie ihre Mutter physisch in ihrem Wohnzimmer gesehen habe.

Neville zeigt die grenzenlose Macht der Vorstellungskraft auf, Bewusstsein zu transportieren und sogar Sinnesformen durch den Raum zu projizieren.

Zusammengefasst plädiert Neville dafür, bewusst von der äußeren Wahrnehmung zu den inneren Wünschen überzugehen und die Vorstellungskraft als Tor zur Neugestaltung der Realität zu nutzen.

Das regelmäßige Hineinfühlen in innerlich bereits verwirklichte Vorstellungsbilder sei entscheidend für deren Materialisierung. Die gläubig ausgemalte Innenwelt werde zur gelebten Außenwelt.

Kapitel 9:
Sich hineinbegeben!

In Kapitel 9 betont Neville die Wichtigkeit, sich imaginativ in wunscherfüllte Szenen hineinzubegeben, anstatt nur an die Wunscherfüllung zu denken.

Er zitiert William Blake, der dazu auffordert, in imaginäre Zustände einzutreten, um sie in die Realität zu imprägnieren. Neville erklärt, wie das plastische Herbeifühlen von Ergebnissen diese nach außen trägt.

* Er erzählt von einem Mann, der sein Haus verkaufen wollte und dem er geraten habe, sich stattdessen vorzustellen, bereits in dem neuen Haus zu schlafen. Indem er seine Vorstellungskraft so veränderte, dass er die Welt aus der gewünschten Wohnung heraus betrachtete, wurde sein Haus innerhalb eines Tages verkauft.

Um sich einen Wunsch zu erfüllen, sei es - so Neville - wichtig, *vom erfüllten Wunsch aus zu denken*. Es genüge nicht, nur *an* ihn zu denken!

* Neville berichtet auch von einer Frau, deren größter Wunsch es war, zusammen mit ihrem Mann ein Jahr in England zu verbringen. Sie sei immer wieder mit dem Gefühl eingeschlafen, vor dem Buckingham Palace zu stehen, obwohl sie kein Geld zum Reisen hatte.

  Bald darauf erhielt ihr Mann ein Lehrstipendium an einer britischen Universität, und sie blieben ein Jahr lang in England. Neville erklärt, dass das Äußere das Innere widerspiegle - wo man sich vorstellt zu sein.

* Er erzählt auch die Geschichte einer Frau, die sich ihr heruntergekommenes Haus schön renoviert vorstellte.

Bald darauf erbte sie genug Geld, um es umzubauen.

Neville fordert dazu auf, den erfüllten Wunsch imaginativ zu verkörpern, um ihn im Äußeren zu kristallisieren. Das innere Drama diktiere die äußeren Tatsachen.

Zusammenfassend zeigt Neville, dass das beharrliche Hineinfühlen in den imaginativen Akt notwendig sei, um ihn zu verwirklichen.

Man müsse beharrlich in mentale Zustände eintreten und darin leben, um sie nach außen zu projizieren.

Kapitel 10:
Was nicht erscheint

In diesem Kapitel betont Neville die schöpferische Kraft der Vorstellung von unsichtbaren Realitäten bei der Umwandlung in sichtbare Gestalt. Er erklärt, dass es sinnlos sei, die imaginäre Aktivität zu verleugnen, da die Imagination die Ursache für alles sei. Durch das Aufbauen innerer imaginärer Aufführungen entfalten sich unweigerlich entsprechende äußere Ereignisse.

- Neville berichtet von einer Großmutter, die sich täglich lebhaft ausmalte, wie sie ihre kleine Enkelin liebte und sich mit ihr unterhielt. Obwohl das Mädchen seine Großmutter nur selten sah, sprach es zunehmend täglich von ihr. Neville stellt fest, dass die Vorstellungskraft andere Gemüter auf subtile Weise beeinflusse.

- Er berichtet von einer Frau, die einen problematischen Schüler nächtelang in ein ideales Kind verwandelte, bis sich sein Verhalten schließlich änderte.

- Eine andere Dame überarbeitete ihre Vorstellungsbilder so lange, bis ihr Mann berichtete, dass die Großmutter des schwierigen Schülers weggezogen war, was ihrer inneren Sprache entsprach.

Neville erklärt, dass jede Veränderung der Vorstellungsbilder die äußere Projektion verändere, da die Formen durch diese mentalen Bilder aufrechterhalten würden.

Die Aufrechterhaltung idealer innere Zustände statt auf minderwertigen Bildern führe zum Gelingen.

Um das Unterbewusstsein zu beeindrucken, müsse man imaginäre Ziele in die Tat umsetzen, sie verinnerlichen und denn Wunschzustand vorwegnehmen, anstatt nur an den Wunsch zu denken.

Er stellt fest, dass die Zukunft nicht grundlegend von den imaginären Aktivitäten des Menschen abweichen werde.

Innere Konflikte würden sich äußerlich in der gesellschaftlichen Struktur ausdrücken.

Die geistige Revision problematischer Bilder reformiere die äußeren Umstände. Die Welt forme sich endlos um imaginäre Annahmen herum neu.

Zusammenfassend zeigt Neville die immense ursächliche Kraft der Imagination auf. Ihre Inhalte würden nach außen projiziert und reflektiert.

Ein disziplinierter Einsatz der Vorstellungskraft, um Negatives zu revidieren und Ideale anzunehmen, verändere das Leben.

Kapitel 11:
Der Töpfer

Neville stellt den biblischen Töpfer mit der Vorstellungskraft gleich. So wie ein Töpfer weggeworfenem Ton eine neue Form geben könne, könne auch die Vorstellungskraft die unerwünschten Aspekte des Lebens in etwas Gewünschtes umwandeln.

Er macht klar, dass es sich bei der göttlichen und der menschlichen Vorstellungskraft um ein und dieselbe Kraft handle, die sich lediglich im Grad ihrer Ausprägung unterscheide.

Neville erklärt, dass die göttliche Vorstellungskraft zum Menschen hinabsteige, damit die menschliche Vorstellungskraft zum Göttlichen aufsteigen könne. Die Vorstellungskraft wirke schöpferisch, wenn sie auf phantasievollen Träumen aufbaue, und sie sei konservativ, wenn sie sich auf die Erinnerung verlasse. Bei der mentalen Revision aktueller Fakten verwandle sie sich. Der bewusste Einsatz der Vorstellungskraft führe zur Ausgestaltung höherer äußerer Formen.

- Er berichtet von einer jungen Künstlerin, die in ihrer Vorstellung lebhaft am Gefühl einer Ausstellung in ihrer Traumgalerie festhielt, bis ihr unerwartet eine Einzelausstellung angeboten wurde, sie ihre Werke verkaufte und Anerkennung erhielt. Neville stellt fest, dass sich die Vorstellungskraft durch ihre Früchte bewähre.

- Eine andere Frau stellte sich vor, eine ausverkaufte Theateraufführung zu besuchen, bis ihr die Umstände dann das Geld und den Sitzplatz bescherten.

Neville enthüllt die Vorstellungskraft als das authentische menschliche Selbst, das getestet werden müsse. Der „Christus in euch" erschaffe die Realität. Das Vorstellen von Szenen impliziere Gottes Gegenwart im Inneren.

Er erklärt, dass der Wunsch das Leben vorantreibe.

Stellen Sie sich wunscherfüllte Szenen vor, um Wünsche herauszukristallisieren.

Spielen Sie das Erreichthaben des Wunsches in Ihrer Vorstellung durch, um die entsprechenden Mittel und Wege zu erzeugen.

Zusammenfassend stellt Neville die Vorstellungskraft als die göttliche Identität im Menschen heraus. Das Erschaffen liege in der Natur der menschlichen Vorstellung.

Nicht die passive Akzeptanz, sondern der disziplinierte Einsatz der Vorstellungskraft forme die Umstände. Die Welt forme sich endlos um den Inhalt der Vorstellungskraft herum neu.

Kapitel 12:
Geistige Verhaltensweisen

In diesem Kapitel zeigt Neville auf, wie die geistige Einstellung und die Vorstellungskraft eines Menschen die äußeren Erscheinungsformen umgestalten.

- Er erzählt von einem Mann, der geschworen hatte, nie wieder einem Bettler zu helfen, nachdem er betrogen worden war. Als er später einen höflichen Mann abwies, stellte er sich das Gespräch noch einmal mit einer mitfühlenden Antwort vor, indem er Geld gab. Kurz darauf meldete sich der Mann und berichtete, er habe an diesem Tag einen Job bekommen, wie in seiner Vorstellung.

Neville erklärte, dass die Verurteilung anderer Menschen und die negative Erinnerung an sie deren Probleme verewigen würden. Die Vorstellungskraft sollte Erinnerungen und Einstellungen umgestalten, um andere zu ermutigen, anstatt ihre Grenzen zu verfestigen.

- Ein anderer Mann stellte sich vor, dass seine Mutter glücklich und weit entfernt wohnend wiederverheiratet sei, bis sie plötzlich einen neuen Verlobten vorstellte und umzog.

- Er berichtete auch von einer Frau, die sich beharrlich vorstellte, dass ihre Schwiegermutter einen Ring trage. Sie tat dies so lange, bis sie wieder heiratete. Neville stellte fest, dass die Vorstellungskraft die Ereignisse real mache, nicht umgekehrt.

- Ein Kreditgeber stellte sich die plötzliche Zahlungsfähigkeit seines säumigen Kunden vor, und schon bald meldete sich der Schuldner, um den Gesamtbetrag zurückzuzahlen.

Neville weist darauf hin, dass der Unterschied zwischen der Vorstellung und dem vorgestellten Zustand entscheidend sei.

Man müsse sich geistig auf den erfüllten Wunsch einlassen, anstatt nur daran zu denken.

Er erklärt, dass Erinnerung und Wunsch imaginative Muster seien - warum sollte man die Erinnerung zum Albtraum machen? Der Mensch gestalte seine Vergangenheit neu, indem er sie sich anders vorstelle. Die Veränderung der inneren Einstellung verändere die äußeren Formen.

Zusammenfassend erklärte Neville, dass die Vorstellungskraft die Realität umgestalte. Durch das geistige Revidieren, Vergeben und natürliche Hineinfühlen in innerlich positive Wunschzustände reformiere man sich selbst und andere. Die Welt konfiguriere sich endlos um den Inhalt der Vorstellungskraft herum neu.

Kapitel 13:
Die Erfüllung banaler Wünsche

In Kapitel 13 ermutigt Neville dazu, die Vorstellungskraft auch einzusetzen, um bestimmte, scheinbar triviale Ziele zu erreichen. Im Gegensatz zu ungewissen Ergebnissen durch vages Wünschen bringe die Definierung bestimmter Wünsche durch imaginäre Handlungen Gewissheit.

- Er berichtet von einer Frau, die sich vorstellte, einen bestimmten Hut aus einer Zeitschrift zu tragen, bis ein Freund ihr diesen Hut schenkte.

  Neville hielt die Umsetzung von Träumen in die Realität für die Triebfeder des Menschen.

- Ein Mann stellte sich vor, dass an seinem Futterhäuschen Spatzen ungehindert fressen könnten. Er tat dies so lange, bis die größeren Vögel ihre Störmanöver aufgaben. Neville erklärt anschaulich, dass die Begrenzung des Wunschausmaßes den Wünschen eine Form verleihe - im Gegensatz zur schwachen Nachahmung von Bildern.

- Er berichtet auch von einem Ehepaar, das sich nach einem bestimmten Gemälde sehnte, es sich aber noch nicht leisten konnte. Die Frau stellte es sich immer wieder an der Wand vor, bis ihr Mann eines Tages unerwartet auf das Bild stieß, das sie sich nicht leisten konnten.

  Neville fordert dazu auf, ganz und gar mit einer zielgerichteten Manifestationsabsicht aus der Vorstellungskraft heraus zu leben.

- Eine andere Frau stellte sich vor, ein schönes Haus am Meer zu besitzen. Sie stellte sich darin ein bestimmtes Schiffsgemälde vor, bis ihr Mann es überraschend erhielt.

Neville zeigt nochmals auf, wie wichtig es ist, sich den Wunsch als bereits erfüllt vorzustellen, anstatt nur gelegentlich passiv an ihn zu denken.

- Er erzählt auch Geschichten über das Vorstellen von einfachen Wunscherfüllungen (ein Hut, ein Laib Brot oder eine Busfahrt).

- Neville erklärt, dass bestimmte imaginäre Handlungen die Erfüllung relativ banaler Wünsche hervorbrächten, ohne dass die als notwendig erachteten Mittel vorhanden seien. Solche Bagatellen demonstrieren die schöpferische Kraft der menschlichen Vorstellung.

Zusammenfassend zeigt Neville die Notwendigkeit auf, bestimmte angestrebte imaginäre Ziele zu definieren, sich hineinzufühlen und sich ihrer bewusst zu werden, statt sich mit verschwommenen Wünschen zu begnügen. Die Vorwegnahme des erfüllten Wunsches lasse die innere Realität in äußerer Form entstehen.

Kapitel 14:
Der schöpferische Augenblick

In diesem Kapitel geht Neville auf den schöpferischen Augenblick ein, in dem man sich die Dinge so vorstellt, wie sie idealerweise sein sollten, und nicht so, wie sie zu sein scheinen.

- Er erzählt die Geschichte einer Frau, die sich kurz vorstellte, einer älteren Dame zu helfen, die ihren Bus verpasst hatte. Wenige Minuten später spielte sich genau diese Szene in der Realität ab.

Neville stellt fest, dass die Vergangenheit durch Reagieren fortbestehen würde, wohingegen die Zukunft durch Handeln in der Vorstellung erschaffen werde. Er erklärt, dass spirituelles Erwachen bedeute, aus seinen Wunschvorstellungen heraus zu handeln, statt auf Fakten zu reagieren.

- Er berichtet auch von einer Frau, deren Wunsch eine mystische Vision war. Nachdem sie ihren Glauben getestet hatte, indem sie eine Begegnung mit einem Verwahrlosten revidierte, stellte sie sich vor, ins Licht zu schweben. Es erschien ein leuchtendes Kindergesicht und das Kind sagte, es sei sie. Neville erklärte, dass wir die Vorstellungskraft als Gott anerkennen müssen, der Dinge durch den Menschen tut.

Neville beschreibt den mystischen, schöpferischen Augenblick als den Zeitpunkt, in dem der erfüllte Wunsch imaginiert und dem Unterbewusstsein eingeprägt wird. Dies verändere die Lebensentwürfe.

Er ermutigt dazu, vom angestrebten Endzustand her zu leben und davon auszugehen, dass die Wünsche in der Vorstellung bereits erfüllt seien.

Der Mensch müsse agieren statt reagieren.

Das reaktive Widerspiegeln der Welt verewige nur das Negative. Die bewusste Entscheidung für das geistig ausgemalte Endszenario sei der Weg des erwachten spirituellen Menschen. Die Zukunft gleitet in dem Augenblick in die Gegenwart, in dem die Vorstellungskraft bekräftige:

„Es ist bereits so!"

Zusammenfassend deckt Neville die Vorstellungskraft als die göttliche Identität auf, die es einzunehmen gelte. Einmal mit Überzeugung imaginiert, sei der Wunsch bereits eine innere Realität, die sich zeitverzögert in der dreidimensionalen Außenwelt verwirkliche.

Bleibe man dem Vorstellungsbild allem Anschein zum Trotz treu, werde es zur gelebten Gegenwart.

Bonus:

Vier Vorträge aus dem Buch „Neville für die Westentasche"

Freiheit für alle

Originaltitel:
„Freedom for all" (1942)

5 Seiten

Dein mächtigstes Hilfsmittel

Heute möchte ich mit dir über die Macht der Vorstellungskraft sprechen. Woran denkst du bei diesem Wort – „Vorstellungskraft"?

Es ist die Fähigkeit, dir Dinge, die in der so genannten dreidimensionalen Welt nicht vorhanden sind, auszudenken und dir ein Bild davon zu machen. Du benutzt deine Vorstellungskraft beim Spielen, beim Träumen oder beim Erfinden von Geschichten.

Aber wusstest du auch, dass dir deine Vorstellungskraft dabei helfen kann, künftig ein besseres Leben zu führen? Wenn du diese Kraft richtig einsetzt, kannst du alles Menschenmögliche erreichen.

Sehen wir uns eine Geschichte an, die diesen Punkt veranschaulicht. Die Bibel ist nicht nur ein Buch mit Geschichten, sondern auch ein Buch voller Geheimnisse, das uns lehrt, wie wir unseren Geist nutzen können, um unsere Realität zu erschaffen.

Eine seltsame Heilung von Hautkrankheiten

Eines dieser Geheimnisse ist im Buch Levitikus, Kapitel 14, Verse 4 bis 8, verschlüsselt wiedergegeben. Darin wird von einem Ritual berichtet, das durchgeführt wurde, um eine Person zu reinigen, die eine Hautkrankheit hatte.

Zu diesem Ritual gehörten zwei Vögel, von denen der eine getötet und der andere freigelassen wurde. Der Priester besprengte die Person sieben Mal mit dem Blut des toten Vogels, und dann musste die Person ihre Kleider waschen, ihr Haar abrasieren und sich waschen.

Dieses Ritual war jedoch ein Symbol dafür, wie wir unsere Vorstellungskraft nutzen können, um unseren inneren Zustand zu verändern und unsere Wünsche zu verwirklichen:

1. Der erste Vogel, der getötet wurde, stand für den alten Geisteszustand, der die Krankheit verursacht hatte.

2. Der zweite Vogel, der freigelassen wurde, stand symbolisch für die neue Geisteshaltung, die die Krankheit heilte.

3. Die Besprengung mit Blut bedeutete, dass die Person ihr ganzes Wesen erneuern und neu beginnen musste.

4. Das Waschen und Rasieren bedeutete, dass sie ihren Geist vollständig ändern und ihre alten Überzeugungen und Annahmen loslassen musste.

Ein praktisches Beispiel

Nun eine aktuelle Geschichte aus unserer Zeit, die zeigt, wie dieses Prinzip im wirklichen Leben funktioniert. Ein Bekannter von mir hatte von klein auf ein Hautproblem.

Er hatte Akne und Narben, und fühlte sich sehr schlecht. Er hat viele Produkte und Diäten ausprobiert, aber nichts hat geholfen. Er dachte, dass seine Haut nie wieder besser werden würde, und war sehr unglücklich.

Dann erfuhr er von der Macht der Vorstellungskraft, und beschloss, einen Versuch zu wagen. Er stellte sich vor, jeden Tag eine reine Haut zu haben, und es kam ihm so vor, als wäre es bereits so. Er hörte auf, sich Sorgen um seine Haut zu machen, und konzentrierte sich darauf, sich wunderbar zu fühlen. Er vertraute darauf, dass seine Vorstellungskraft seine Realität erschaffen würde.

Innerhalb eines Monats wurde seine Haut wieder makellos. Er konnte problemlos alles essen, was ihm schmeckte.

Er erkannte, dass die Ursache für sein Hautproblem nicht das Essen oder die Produkte waren, sondern sein Glaube und seine Annahmen. Er änderte seine Einstellung und damit sein Leben.

Ändere deinen inneren Zustand

Erkennst du den Zusammenhang zwischen beiden Geschichten?

Beide Begebenheiten zeigen, wie wir mithilfe unserer Vorstellungskraft unseren inneren Bewusstseinszustand ändern und unsere Wünsche verwirklichen können.

Wir können uns vorstellen, dass wir so sind, wie wir sein wollen, und uns so fühlen, als wäre es bereits so.

Dann können wir unseren alten Geisteszustand loslassen und darauf vertrauen, dass unsere Vorstellungskraft unsere Realität erschafft. Wir können auch Symbole und Affirmationen verwenden, um unseren neuen Geisteszustand zu verstärken und unsere Dankbarkeit für seine Erfüllung auszudrücken.

Auf diese Weise können wir die Kraft der Vorstellungskraft nutzen, um Wunder in unserem Leben zu bewirken. Du kannst diese Kraft nutzen, um deine Gesundheit, deine Zeugnisse, deine Beziehungen, deine Hobbys oder alles andere, was du willst, zu verbessern.

Du musst es nur glauben und dir immer wieder so vorstellen, als wäre es bereits so. Ganz natürlich!

Sei, was du sein kannst!

Originaltitel:
„Be What You Wish to Be" (1951)

5 Seiten

Das Erfolgsgeheimnis eines Wissenschaftlers

Vor einiger Zeit erzählte mir ein Reporter eine Geschichte über Robert Millikan. Als junger und mittelloser Mann hatte der spätere Nobelpreisträger kühne Träume. Er wollte Großes erreichen und ein sicheres Einkommen haben. Also formulierte er einen einfachen Satz und glaubte fest daran, dass diese Aussage bereits wahr sei.

Er sagte sich immer wieder vor: *„Ich besitze sehr viel Geld! Es kommt auf ehrliche Weise zu mir und hilft auch anderen."*

Wohlgemerkt, er sagte **nicht**: *„Eines Tages **werde** ich viel Geld haben"*, denn das hätte bedeutet, dass es noch nicht so weit war. Stattdessen sagte er: *„Ich besitze"*, so als ob sein Traum bereits Wirklichkeit wäre.

Wenn wir wollen, dass unsere Träume wahr werden, müssen wir glauben, dass sie **jetzt schon verwirklicht** sind. Wir müssen uns vorstellen, unsere Wünsche jetzt bereits so zu leben, als ob sie schon erfüllt wären!

Diese Geschichte soll uns ermutigen, an uns selbst zu glauben und Vertrauen in unsere Träume zu haben.

Merke: Um etwas zu verändern, müssen wir glauben, dass wir unseren Traum bereits leben, so wie Dr. Millikan es getan hatte.

Auf dieser Welt gibt es verschiedene Ebenen des Verständnisses und der Weisheit, und wo wir stehen, hängt von unserer jeweiligen Ebene ab. Wenn wir wachsen und mehr lernen, verändert sich unsere Welt entsprechend unserer neuen Verständnisebene.

Wenn wir uns nach einem Gebet besser fühlen, dann ist es erhört worden.

Robert A. Millikan (1868 -1953) erhielt 1923 den Nobelpreis für Physik

Die wahre Bedeutung von „Sanftmut"

„Sanftmut" ist heutzutage ein selten gebrauchtes Wort, das oft falsch verstanden wird. Ein „sanftmütiger" Mensch ist kein stiller, in sich gekehrter oder schüchterner Mensch. Es geht um wesentlich mehr!

Angenommen, du hast ein kräftiges Wildpferd. Es ist voller Energie und Kraft, aber es ist schwer im Zaum zu halten.

Nun stelle dir vor, dieses Pferd wäre trainiert oder „eingeritten". Es wäre immer noch stark und kraftvoll, aber es würde auch gelernt haben, auf die Stimme des Reiters zu hören und Anweisungen zu befolgen.

So verhält es sich, wenn man „sanftmütig" ist. Es bedeutet nicht, schwach oder zaghaft zu sein. Es bedeutet, stark zu sein, gleichzeitig aber auch zu wissen, wie man seine Stärke in die richtigen Bahnen lenkt.

Ein sanftmütiger Mensch ist wie ein dressiertes Pferd. Du hast zwar viele Gefühle und Gedanken, aber du weißt auch, wie du diese kontrollieren kannst. Einigermaßen zumindest – denn bei 60.000 bis 70.000 Gedanken, die einem Menschen Tag für Tag durch den Kopf gehen, ist eine hundertprozentige Gedankenkontrolle ausgeschlossen und würde uns völlig überfordern. Das ist auch gar nicht nötig. Sobald die meisten Gedanken, also mindestens 51%, positiv sind, kann es nur besser werden.

Du lässt dich jetzt nicht mehr von deiner Wut oder Traurigkeit leiten. Stattdessen bemühst du dich um Ruhe und Ausgeglichenheit.

Nehmen wir zum Vergleich einen Superhelden. Ein Superheld ist sehr mächtig. Aber er weiß, wie er seine Kräfte für das Gute einsetzen kann. Ein Superheld missbraucht seine Kräfte nicht, um anderen zu schaden oder Ärger zu verursachen.

Er setzt seine Kräfte ein, um anderen Menschen zu helfen und die Welt besser zu machen. Das ist ein bisschen wie sanftmütig sein.

Und natürlich gilt all das auch für eine Superheldin!

Ein sanftmütiger Mann in dem Sinne, wie wir ihn beschrieben haben, war auch Dr. Millikan, der weltbekannte Wissenschaftler. Selbst als er noch arm war und viele Hürden zu meistern hatte, blieb er zuversichtlich und glaubte an seinen Traum. Er achtete auf seine Gedanken und sorgte dafür, dass sie überwiegend positiv waren, so wie ein trainiertes Pferd auf Anweisungen hört und sie befolgt.

Sanftmut ist also etwas Gutes. Es bedeutet, dass du stark, aber auch freundlich und diszipliniert bist. Es bedeutet, dass du weißt, wie du deine Macht auf eine gute Weise einsetzen kannst, genauso wie ein Superheld oder eine Superheldin. Und so wie ein Superheld oft scheinbar Unmögliches erreicht, kann auch ein sanftmütiger Mensch durch seine Geduld und Ausdauer seine Träume verwirklichen.

Nutze deine Vorstellungskraft konstruktiv!

Jeder kann sein Leben selbst gestalten, so wie es uns Dr. Millikan vorgemacht hat. Seine Vorgehensweise, einen Glaubenssatz so beharrlich und gläubig zu wiederholen, bis er vom Unterbewusstsein akzeptiert worden ist, nennt man heute meist „Autosuggestion" oder „Affirmation". Sobald das Unterbewusstsein – der mit Abstand größte und mächtigste Bereich des Bewusstseins – vom Gelingen überzeugt ist, wird es alles daran setzen, den geistig ausgemalten Endzustand zu verwirklichen.

Auf diese Weise können wir unsere Welt und unsere Zukunft verändern.

Die Geschichte unseres Lebens ist wie eine Theateraufführung, und wir sind die Darsteller.

Unser Selbstbild

Die Rollen, die wir einnehmen, werden durch unsere geistige Einstellung und nicht durch unser Handeln bestimmt.

Um unserer gegenwärtigen Situation zu entkommen, brauchen wir eine große Veränderung in unserem Denken. Alles hängt davon ab, wie wir uns selbst sehen.

Es ist völlig in Ordnung, besser sein zu wollen als wir jetzt sind. Nur so kommen wir weiter. Es ist ganz natürlich, dass wir uns ein besseres Leben, mehr Verständnis, eine bessere Gesundheit und mehr Sicherheit wünschen.

Ein wahres spirituelles Erwachen bedeutet, die Herausforderung anzunehmen, eine bessere Version von uns selbst zu werden, so wie es Dr. Millikan tat. Wir müssen weiterhin an uns selbst glauben und versuchen, besser zu werden. Nur so können wir unsere Träume wahr werden lassen.

Die besten Menschen urteilen nicht nach dem Anschein; sie sehen sich selbst und andere so, wie sie sein wollen.

Sie sehen und hören nur das Gute.
Sie kennen die Wahrheit, und die Wahrheit macht sie frei.

Unser Charakter ist das Ergebnis dessen, worauf wir unsere Aufmerksamkeit richten.

Wenn wir uns auf das Gute konzentrieren, können wir die Welt mit unseren Gedanken nähren, mit unseren Worten fruchtbare Samen pflanzen und ein Leben führen, das anderen als nachahmenswertes Vorbild dient.

Weide meine Lämmer!

Originaltitel:
„Feed My Sheep"

Kurzfassung eines Vortrags vom 01.07.1957

6 Seiten

Trainiere deine Vorstellungskraft

Spielst du gerne mit deiner Fantasie? Tust du gerne so, als wärst du jemand anderes oder als hättest du etwas, das du haben möchtest?

Wusstest du, dass deine Vorstellungskraft sehr stark ist? Sie kann dir helfen, deine Träume wahr werden zu lassen!

Die Bibel ist ein Buch, das uns Geschichten darüber erzählt, wie Gott uns erschaffen hat und uns liebt. Sie erzählt uns auch, wie wir unsere Vorstellungskraft nutzen können, um wie Gott zu sein.

Gott ist nicht jemand, der im Himmel lebt. Gott ist ein Geist, der in unseren Herzen und Köpfen wohnt. Gott ist unser wahres Selbst, und wir sind seine Kinder.

Aber wir vergessen eben allzu leicht, wer wir sind. Wir denken, dass wir nur gewöhnliche Menschlein seien, die auf dieser Welt kämpfen und leiden müssten. Wir meinen, dass wir von Gott und voneinander getrennt seien. Wir bilden uns ein, dass wir Regeln und Gesetze befolgen müssten, die andere Menschen für uns machen. Wir glauben, dass wir auf das hören müssen, was andere Menschen über uns sagen. Wir glauben, dass wir Angst vor dem haben müssen, was uns passieren könnte.

Aber das ist nicht wahr. Das ist wie ein schlechter Traum, aus dem wir erwachen können.

Wir können erwachen, indem wir unsere Vorstellungskraft nutzen. Wir können uns vorstellen, dass wir glücklich, gesund, wohlhabend und frei sind. Wir können uns vorstellen, dass wir alles haben, was wir wollen und brauchen. Wir können uns vorstellen, dass wir uns selbst und anderen gegenüber freundlich und liebevoll sind. Wir können uns vorstellen, dass wir mit Gott befreundet sind.

Esau und Jakob

Wie können wir das tun? Nun, die Bibel gibt uns einige Anhaltspunkte. Sie erzählt uns Geschichten über Menschen, die ihre Vorstellungskraft nutzten, um ihre Lebensumstände zu verbessern.

Einer dieser Menschen hieß Jakob. Jakob war ein Junge, der einen Zwillingsbruder namens Esau hatte.

Esau war sehr behaart und stark, aber Jakob war sanft und klug. Esau jagte und kämpfte gern, aber Jakob blieb lieber zu Hause und kochte. Ihr Vater mochte Esau mehr als Jakob, weil er ihn für männlicher hielt.

Eines Tages beschloss der Vater der Zwillinge, Esau einen besonderen Segen zu geben, der ihn reich und mächtig machen würde. Aber Jakob wollte den Segen auch, also nutzte er seine Vorstellungskraft, um seinen Vater auszutricksen.

Er zog sich Tierhäute über, um so behaart auszusehen wie Esau, und gab sich für seinen Zwillingsbruder aus. Er ging zu seinem Vater und bat um den Segen, und sein Vater gab ihn ihm, ohne zu merken, dass es Jakob war.

Diese Geschichte lehrt uns etwas Wichtiges. Sie lehrt uns, dass wir unsere Vorstellungskraft nutzen können, um zu bekommen, was wir wollen, auch wenn es unmöglich oder ungerecht erscheint. Sie lehrt uns, dass wir vorgeben können, jemand anderes zu sein oder etwas anderes zu haben, bis es für uns Wirklichkeit wird. Sie lehrt uns, dass wir unser Aussehen und unsere Realität verändern können, indem wir unsere Gedanken ändern.

Aber diese Geschichte hat noch eine weitere Bedeutung. Es geht nicht nur um zwei Brüder, die vor langer Zeit lebten. Es geht auch um zwei Teile von uns, die jetzt in uns leben.

- Esau repräsentiert unseren äußeren Menschen, unseren Körper und unsere Sinne, das, was wir in der Welt sehen, berühren und fühlen.

- Jakob steht für unser inneres Selbst, unseren Verstand und unseren Geist, das, was wir denken, uns vorstellen und in unserem Herzen glauben.

Die wahre Bedeutung von „Israel"

Die Bibel erzählt uns, dass Gott Jakobs Namen in Israel änderte, was so viel wie „Gottesstreiter" bedeutet. Israel ist kein Ort auf der Landkarte oder eine Gruppe von Menschen, die dort leben. Israel ist eine Geisteshaltung, eine Wesensart, ein Gefühl der Realität. Israel ist das, was wir in unserem Leben sein und haben wollen.

Aber Israel ist über die ganze Welt verstreut, in alle Nationen der Welt. Das bedeutet, dass Israel nicht etwas außerhalb von uns ist, nach dem wir suchen oder für das wir kämpfen oder auf das wir warten müssen. Israel ist etwas in uns, das wir finden, zum Vorschein bringen und zum Ausdruck bringen müssen.

Wie können wir das tun?

Indem wir wieder unsere Vorstellungskraft benutzen! Indem wir uns das, was wir uns wünschen, so vorstellen, als ob es für uns schon jetzt wahr wäre!

Indem wir fühlen, wie es wäre, glücklich, gesund, wohlhabend und frei zu sein! Indem wir so handeln, als hätten wir bereits alles, was wir wollen und brauchen! Indem wir freundlich und liebevoll zu uns und anderen sind! Indem wir mit Gott befreundet sind!

So weiden wir die Lämmer Gottes.

So kümmern wir uns um unsere Gedanken und Gefühle, die Lämmern gleichen, die einen Hirten brauchen, der sie führt. So werden wir Israel, die wahren Kinder Gottes. So lassen wir unsere Träume wahr werden!

Nutze deine Talente jetzt

Es ist wichtig, die gelernten Ideen in die Praxis umzusetzen, anstatt sich nur über sie zu freuen.

Vielleicht hast du schon einmal die Geschichte vom Himmelreich gehört. Sie handelt von einem Mann, der auf eine lange Reise ging und seinen Arbeitern etwas von seinem Geld und seinen Sachen gab.

Er gab jedem Arbeiter einen anderen Betrag, je nachdem, wie viel er verkraften konnte. Einem Arbeiter gab er fünf Münzen, einem anderen zwei Münzen und wieder einem anderen eine Münze.

Als er zurückkam, wollte er sehen, was sie mit seinem Geld angestellt hatten. Der Arbeiter, der fünf Münzen bekommen hatte, benutzte sie, um fünf weitere Münzen zu erwerben. Der Herr war überaus zufrieden und sagte, er würde dem Arbeiter mehr Aufgaben übertragen.

Der Arbeiter, der zwei Münzen erhalten hatte, investierte sie, und erwirtschaftete vier weitere Münzen. Damit war der Herr ebenfalls sehr zufrieden und sagte, er wolle den Arbeiter an seinem Glück teilhaben lassen.

Aber der Arbeiter, der nur eine Münze erhalten hatte, fürchtete sich, weil er dachte, der Mann sei gemein. Also vergrub er seine Münze in der Erde und tat nichts damit. Der Mann war sehr wütend und sagte, der Arbeiter habe seine Münze verschwendet. Er nahm sie ihm weg und gab sie dem Arbeiter, der zehn Münzen hatte.

Die Münzen sind deine Vorstellungskraft. Manche von uns sind kreativer als andere, deshalb haben manche ein Geschenk bekommen, andere zwei, manche fünf, manche vielleicht mehr.

Aber ein Talent, das nicht genutzt wird, ist wie ein unbenutzter Muskel, der immer schwächer wird. Das Talent stirbt zwar nicht wirklich, aber es schläft so tief, als hätten wir es nicht mehr.

Wir müssen das Gelernte nutzen, denn wenn wir es ungenutzt lassen, wird uns auch das beste Verständnis der Welt nicht weiterhelfen.

Wenn man auch nur eine kleine Gabe der Vorstellungskraft wirklich nutzt und verstärkt, ist das viel besser als viele Gaben, die man überhaupt nicht nutzt.

Durch Vergeben gewinnen

Originaltitel:
„You Can Forgive Sin" (29.3.1963)

sowie

„Mystery of Forgiveness" (13.1.1969)

4 Seiten

Der Eckpfeiler des Christentums ist nicht der Akt der Verurteilung, sondern vielmehr die Herrlichkeit der Überwindung durch Vergebung. Es ist ein tiefes Verständnis dafür, dass alle Übel, Sorgen und Nöte in unserem Leben auf eine einzige Ursache zurückgeführt werden können: auf die Sünde.

Was ist Sünde?

Die Sünde ist nicht das dunkle, furchteinflößende Konzept, als das sie oft dargestellt wird, sondern sie ist einfach ein „Verfehlen eines Ziels".* Sie ist eine Abweichung, ein Fehltritt vom Weg der Rechtschaffenheit und der Wahrheit.

Vergebung bedeutet, eine Chance auf Erlösung zu bieten, einen Weg, der von der Verfehlung wegführt. Aber diese Vergebung ist an zwei Bedingungen geknüpft:

- Reue und Glaube.

Reue ist eine Veränderung der Einstellung oder des Denkens gegenüber einer Person oder einer Situation. Sie ist kein bloßes Gefühl des Bedauerns, sondern ein aktives Bemühen, unsere Wahrnehmungen zu überdenken und neu zu gestalten.

Der **Glaube** wiederum ist das unerschütterliche Festhalten an dieser neuen mentalen Sichtweise von der Person oder Situation und die Treue zu ihr.

Aber Vergebung ist mehr als nur Reue und Glaube:
Sie erfordert auch **Vergessen**!

*

„Der griechische Ausdruck *hamartía* des Neuen Testaments und das hebräische Wort *chata'a* oder *chat'at* des Tanach bedeuten Verfehlen eines Ziels – konkret und im übertragenen Sinn, also Verfehlung – und werden in deutschen Bibelübersetzungen mit Sünde wiedergegeben."

Wikipedia

Solange der Schatten des vergangenen Unrechts noch immer hochkommt, kann von echter Vergebung keine Rede sein.

Um zu vergeben, müssen wir uns den anderen Menschen so vorstellen, wie wir ihn uns wünschen, nicht so, wie er sich verhielt.

Dieser Prozess der Vergebung ist nicht nur eine geistige Übung, sondern auch ein spiritueller Weg, der zur Heilung führt.

Die Heilung des Gelähmten durch Jesus

In diesem Gleichnis steht der Gelähmte für alle Formen von Lähmung oder Frustration im Leben, die durch das „Verfehlen des Ziels" verursacht werden. Jesus vergab ihm aufgrund seiner göttlichen Autorität seine Sünden und heilte ihn.

Damit zeigt er uns, dass auch wir vergeben und heilen können, sofern wir das geistige Bild, das wir mit einem Menschen oder einer Situation verbinden, verändern.

Wir alle sind aufgerufen, uns selbst zu prüfen und zu erkennen, dass die Macht, durch unsere Vorstellungskraft zu vergeben, nicht von einer äußeren Kraft ausgeht, sondern von dem Christus in uns selbst. Der Menschensohn, Christus, ist unsere eigene wunderbare menschliche Vorstellungskraft. Es liegt in unserer Hand, die Welt um uns herum zu gestalten, Vergebung anzubieten und Liebe zu verbreiten.

Bedenke auch, dass Vergebung kein einmaliger Akt ist. Das Evangelium fordert uns auf, nicht nur siebenmal, sondern siebzig mal sieben mal zu vergeben.

Es ist eine *ständige* Übung, eine tägliche Verpflichtung.

Wenn wir vergeben, verurteilen wir den sündigen Menschen nicht mehr, denn *er drückt lediglich einen Zustand aus*.

Stattdessen verändern wir den Zustand, indem wir jemanden in unserer Vorstellung in einen neuen Zustand versetzen. Dies ist das Wesen der wahren Vergebung.

Die Geschichte von Jesus ist ein göttliches Gleichnis, eine gelebte Metapher für den Erlösungsplan Gottes durch Vergebung. Wenn wir diesen Prozess verinnerlichen, wenn wir die Kraft der Vergebung in uns selbst erfahren, beginnen wir unsere wahre Identität zu erkennen, nämlich: wir sind Gott der Vater.

Wir haben die Macht, unser Leben und das Leben der Menschen um uns herum durch den einfachen, aber tiefgreifenden Akt der Vergebung zu verändern.

Vergebung ist somit nicht nur ein Akt der Barmherzigkeit, sondern eine Möglichkeit zur Veränderung.

Es geht nicht darum, die Vergangenheit immer wieder durchzukauen. Es geht darum, die Zukunft neu zu gestalten!

Bei der wahren Vergebung nutzen wir unsere göttliche Vorstellungskraft (= den Christus in uns),

- um unsere mentalen Vorstellungen zu verändern,
- um andere in einen neuen Seinszustand zu versetzen
- und letztlich um unser Leben zu verändern.

» Üben wir uns also in Vergebung,
» gewinnen wir mit Liebe,
» und verändern wir unsere Welt durch unsere Vorstellungskraft!

Zeitfracht Medien GmbH
Ferdinand-Jühlke-Straße 7
99095 Erfurt, Deutschland
produktsicherheit@kolibri360.de